TELEMAQUE,

TRAGEDIE

REPRÉSENTÉE

PAR L'ACADEMIE ROYALE

DE MUSIQUE;

Pour la premiere fois, le vingt-deux Novembre 1714.
Et pour la seconde, le Jeudy 23ᵉ. Fevrier 1730.

DE L'IMPRIMERIE

De JEAN-BAPTISTE-CHRISTOPHE BALLARD,

Seul Imprimeur du Roy, & de l'Academie Royale de Musique.

M. DCC XXX.

AVEC PRIVILEGE DU ROY.

LE PRIX EST DE XXX. SOLS.

ACTEURS DU PROLOGUE.

MINERVE,	Mlle. Eermans.
APOLLON,	Mr. Dun.
L'AMOUR,	Mlle. Petitpas.
UN ART,	Mr. Dumaſt.

ACTEURS ET ACTRICES

de tous les Chœurs du Prologue & de la Tragedie.

CÔTE' DU ROY.

Meſdemoiſelles	*Meſſieurs*
Souris.	Dun-Pere.
Dun.	Bremond.
Julie.	S. Martin.
Dutillié.	Perſon.
Cartou.	Buſeau.
De Kerxoffen.	Deshais.
	Dubrieul.
	Dupleſſis.
	Combeau.

CÔTE' DE LA REINE.

Meſdemoiſelles	*Meſſieurs*
Antier-C.	Le Myre.
La Roche.	Morand.
Tettelette.	Bertin.
Charlard.	Laferre.
Petitpas.	Dautrep.
Lavallée.	Corail.
	Valentin.
	Duchefne.
	Houbeau.

DIVERTISSEMENT
du Prologue.

LES MUSES;

Mademoiselle Mariette ;

Mesdemoiselles Thybert , Durocher , Feret , Binet,
Lamartiniere , Duval , Petit , Boisselet.

LES ARTS;

Monsieur Laval ;

Messieurs Tabary , Savar , Dumay , Javilliers,
Hamoche , Matignon.

PROLOGUE.

PROLOGUE.

Le Théâtre repréſente un lieu que les Arts viennent
de conſtruire & d'orner par ordre de Minerve,
à l'honneur du Roy qui vient de donner la Paix
à l'Europe. On y voit des Trophées. Minerve
& Appollon paroiſſent au fond : Minerve eſt
ſuivie des Vertus & des Arts ; Appollon eſt
accompagné des Muſes.

MINERVE.

Que j'aime à porter mes regards
Sur cet amas pompeux d'armes & d'étendarts !
D'un Roy que je cheris tout m'annonce la gloire.
Vous, Appollon, vous Filles de Memoire,
Preparez vos chants & vos jeux.
Pour rendre les Mortels heureux,
La Paix du haut des Cieux vole après la Victoire.

b

APOLLON.

De nos jeux, de nos chants, c'est à vous d'ordonner,
La Paix vient de bannir les fureurs de la Guerre :
C'est à Minerve à couronner
Un Vainqueur qui calme la terre.

MINERVE.

Que les bienfaits de ce Heros
Soient chantez dans toutes vos Fêtes ;
Vos plus charmants Concerts sont le fruit du repos
Qu'il fait regner par ses Conquêtes.

CHOEUR.

Que les bienfaits de ce Heros
Soient chantez dans toutes nos Fêtes.
Nos plus charmants Concerts sont le fruit du repos
Qu'il fait regner par ses Conquêtes.

MINERVE.

Qu'un spectacle nouveau, de ce brillant séjour
Augmente la magnificence.

APOLLON.

Pour mes tragiques Jeux j'ay besoin de l'Amour ;
Pourrez-vous souffrir sa presence ?

MINERVE.

En faveur de la Paix, je céde à vos desirs ;
Je consens que l'Amour se mêle à nos plaisirs.

CHOEUR.

Defcendez, regnez fur la terre,
Tendre Amour, répandez vos plus vives ardeurs ;
Il n'appartient qu'à vous de faire encor la guerre,
Quand la Paix charme tous les cœurs.

L'AMOUR defcend des Cieux fous un pavillon
foutenu par des Amours, des Plaifirs & des Jeux
qui le fuivent.

L'AMOUR.

Quoy ? Minerve en ces lieux m'appelle !

MINERVE.

Ne prétends pas regner fur elle.

L'AMOUR.

C'eft pour fuivre mes loix, que tous les cœurs font faits ;
Tout céde à mon pouvoir fuprême ;
Vous feule échappez à des traits
Qui font trembler Jupiter même.

MINERVE.

Quand je te voy vainqueur du Souverain des Dieux,
La gloire de mon nom vole au plus haut des Cieux.
Que devant toy, Jupiter tremble :
C'eft un nouvel éclat pour moy.
Tu triomphes de luy, je triomphe de toy ;
N'eft-ce pas triompher de tous les Dieux enfemble ?

L'AMOUR.

Il eft temps d'embellir ces lieux ;
La Paix doit réunir les Mortels & les Dieux.

L'AMOUR fait élever une Pyramide ornée d'arcs, de flêches & de carquois.

On danſe.

'Un des ARTS, de la ſuite de Minerve.

> Dans nos Jeux
> Mêlons la tendreſſe ;
> Le trait qui nous bleſſe
> Comble nos vœux.

> Qu'en ce beau jour
> Tout ſe livre à l'Amour ;
> Il ordonne à ſa Cour
> De nous ſuivre ſans ceſſe.

> Dans nos Jeux
> Mêlons la tendreſſe ;
> Le trait qui nous bleſſe
> Comble nos vœux.

> Tendres Flâmes,
> Dans nos ames
> Regnez à jamais ;
> Beaux Lieux, vous avez moins d'attraits
> Que l'ardeur qui nous preſſe.

> Dans nos Jeux
> Mêlons la tendreſſe ;
> Le trait qui nous bleſſe
> Comble nos vœux.

On danſe.

CHOEUR.

Qu'en ce beau séjour tout vous rende les armes.
Amour, faites voler vos traits ;
Plaisirs, faites briller vos charmes :
Triomphez, regnez à jamais.

MINERVE.

Pour de plus nobles Jeux, qu'à l'envy tout s'apprête ;
A tout ce qui m'est cher destinons cette Fête.
Rappellons TELEMAQUE à la clarté du jour ;
Aux ravages du temps dérobons sa memoire ;
Mais, ne le livrons à l'Amour,
Que pour faire éclater sa gloire.

CHOEUR.

Qu'en ce beau séjour tout vous rende les armes.
Amour, faites voler vos traits ;
Plaisirs, faites briller vos charmes :
Triomphez, regnez à jamais.

FIN DU PROLOGUE.

ACTEURS

DE LA TRAGEDIE.

CALYPSO,	Mlle. Antier.
ADRASTE,	M^r. Chassé.
TELEMAQUE,	M^r. Tribou.
EUCHARIS,	Mlle. Pellicier.
ARCAS, *Confident d'Adraste*,	M^r. Dumast.
IDAS, *Confident de Telemaque*,	M^r. Dun.
CLEONE, *Confidente d'Eucharis*,	Mlle. Mignier.
MINERVE,	Mlle. Eermans.
Troupe de Demons.	
Troupe de Prêtres de Neptune, & d'Ogygiens.	
Troupe de Demons transformez.	
Troupe de Prêtres & de Prêtresses de l'Amour.	
Troupe de Matelots, & de Matelotes.	
Le Grand Prêtre de Neptune,	M^r. Cuvilliers.
La Grande Prêtresse de l'Amour,	Mlle. Eermans.
Une Prêtresse de Neptune,	Mlle. Petitpas.
Un Demon transformé en Plaisir,	M^r. Dumast.
Un Demon transformé en Nymphe,	Mlle. Mignier.
Une Matelotte,	Mlle. Petitpas.

La Scene est dans l'Isle d'Ogygie.

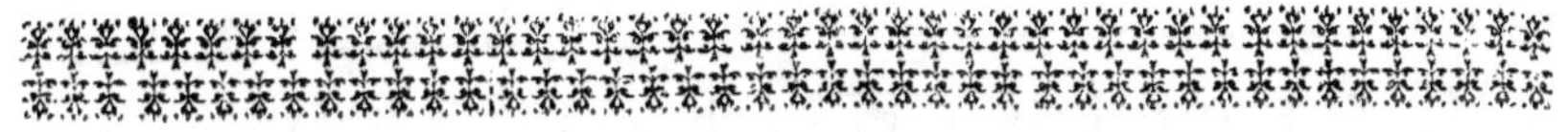

DIVERTISSEMENTS
de la Tragedie.

PREMIER ACTE.
DEMONS;

Monſieur Maltair-C. ;
Meſſieurs Savar , Tabary, Dumay, Javilliers,
Bontemps , Matignon.

MAGICIENNES;

Meſdemoiſelles Petit , Duval, Durocher , Thybert.

SECOND ACTE.
PRESTRES ET PRESTRESSES;

Monſieur D-Dumoulin ;

Meſſieurs Laval , Maltair-C.;

Meſſieurs Dangeville, P-Dumoulin , Javilliers,
Dumay , Matignon ;

Mademoiſelle Sallé ;
Meſdemoiſelles Mariette , Durocher , Tybert,
Lamartiniere , Petit.

TROISIE'ME ACTE.

DEMONS TRANSFORMEZ
en Nymphes & en Plaisirs;
Mademoiselle Provôt;
Mesdemoiselles Feret , Binet , Lamartiniere,
Thybert, Durocher;
Monsieur Blondy;
Messieurs Savar , Dumoulin-L. , F-Dumoulin,
P-Dumoulin , Matignon.

QUATRIE'ME ACTE.

BERGERS ET BERGERES;
Mesdemoiselles Provôt, Sallé;
Monsieur Laval ;
Messieurs Maltair-L. , Dangeville , Dumay,
P-Dumoulin , Javilliers, Maltair-C.;
Mesdemoiselles Mariette, Durocher, Thybert,
Lamartiniere , Binet , Feret.

CINQUIE'ME ACTE.

MATELOTS ET MATELOTTES;
Mademoiselle Camargo ;
Messieurs Dangeville , Maltair-C., Bontemps,
Matignon , P-Dumoulin ;
Mesdemoiselles Thybert , Binet , Durocher,
Feret , Lamartiniere.

TELEMAQUE,

TELEMAQUE,
TRAGEDIE.

ACTE PREMIER.

Le Theâtre repréfente l'Ifle d'Ogygie ; On y voit des
Palais renverfez par des inondations , & un côté
du Temple de Neptune, que les flots ont refpecté.

SCENE PREMIERE.
EUCHARIS.

Alheureux , qui fur ce rivage
Eprouvez un affreux orage ,
Vous efperez du moins de voir calmer les flots :
Mais , helas ! il n'eft pas poffible
Qu'un cœur , à l'Amour trop fenfible ,
Retrouve jamais le repos.

A

SCENE II.

EUCHARIS, CLEONE.

CLEONE.

Qui peut causer vos nouvelles douleurs?

EUCHARIS.

Apprens, Cleone, apprens tous mes malheurs.
Depuis mon funeste nauffrage,
Calypso me retient sur ce fatal rivage;
Mais, c'est peu de ses fers; & je répands des pleurs
Pour un plus honteux esclavage.

CLEONE.

O Ciel!

EUCHARIS.

Tu fus témoin du trouble de mes sens,
Quand ce jeune Etranger, par la fureur des vents,
Fit naufrage sur cette Rive;
Ses yeux étoient fermez à la clarté du jour;
Déja son ame fugitive
Etoit prête à descendre au tenebreux séjour:
Cleone, quel Objet! que j'en fus attendrie!
En vain à mon secours j'appellay ma fierté;
Je ne pûs luy rendre la vie
Qu'aux dépens de ma liberté.

CLEONE.

Antiope oublieroit tout le soin de sa gloire !
Quoy ? le nom d'Eucharis qu'en ces lieux vous portez,
Du sang des Roys dont vous sortez,
Vous fait-il perdre la memoire ?
Puisse-t-on ignorer toûjours
Qu'Idomenée est l'Auteur de vos jours !
Si l'on vous reconnoît, vôtre perte est certaine :
Neptune ravage ces lieux ;
Et vous étes d'un sang à Neptune odieux ;
Tremblez, mais on vient ; c'est la Reine,
Sous le nom d'Eucharis, trompez toûjours ses yeux.

SCENE III.

CALYPSO, EUCHARIS.

CALYPSO.

Dieu des Mers, terrible Neptune,
Ah ! n'es-tu pas assez vengé ?

Tout mon Empire est ravagé,
Rien n'égale mon infortune ;
Et les vents & les flots, d'une fureur commune,
S'arment pour me punir de t'avoir outragé :

Dieu des Mers, terrible Neptune,
Ah ! n'es-tu pas assez vengé ?

A ij

E U C H A R I S.
Quoy? dans son fier courroux Neptune persévere!

C A L Y P S O.
Non , rien ne peut le satisfaire :
Dans son Temple , luy-même , il vient de me parler,
Il m'a fait entendre mon crime ;
Mais , le Cruel demande une victime
Que je ne puis plus immoler.

Calypso, *m'a-t'il dit ,* verse le sang d'Ulysse ,
Ou crains le plus affreux supplice.

E U C H A R I S.
Que je vous plains!

C A L Y P S O.
D'un sang trop coupable à ses yeux ,
Comment luy faire un sacrifice ?
Ulysse n'est plus en ces lieux.

E U C H A R I S.
Il a donc autrefois abordé ce rivage?

C A L Y P S O.
Il venoit d'en partir lorsque tu fis nauffrage :
Neptune demandoit sa mort.

E U C H A R I S.
O Ciel ! quelle rigueur extrême!

C A L Y P S O.
J'eus pitié de son triste sort ;
Et je le fis partir , malgré Neptune même.

J'avois trop d'interest à presser son retour.
Les Demons évoquez par mon Art redoutable,
M'ont prédit mille fois un tourment effroyable,
Si jamais je me livre au pouvoir de l'Amour.
          Déja par la pitié pour Ulysse attendrie,
Ses vertus commençoient de surmonter mon cœur ;
          Je le rendis à sa Patrie,
          Pour ne point souffrir de vainqueur.
          E U C H A R I S.
Vous avez des Enfers détourné le présage ;
          Puissiez-vous appaiser les Dieux !
          C A L Y P S O.
Je crains toûjours Ulysse, & toûjours son Image
          Vient se presenter à mes yeux.
Un songe… ah ! je fremis quand je me le rapelle :
Je l'ay vû, ce Heros que Neptune poursuit ;
Je l'ay vû sur ces bords ; une troupe cruelle
          L'alloit précipiter dans l'éternelle nuit :
Il n'étoit plus armé d'une austere sagesse ;
          L'Amour qui voloit sur ses pas,
          De la plus brillante jeunesse,
          Sembloit luy prêter les appas.
Par un charme inconnu, forcée à le défendre,
          J'ay détourné le fer vengeur ;
          Helas ! pour prix d'un soin si tendre,
          Le Cruel m'a percé le cœur.
          E U C H A R I S.
Adraste vient ; qu'annonce sa frayeur ?

SCENE IV.

CALYPSO, ADRASTE, EUCHARIS.

ADRASTE.

REine, de vos Sujets, que je plains l'infortune !
   Tous les Dieux conjurez contre eux,
   Semblent s'unir avec Neptune,
   Pour les rendre plus malheureux.
Jupiter irrité, reduit nos murs en poudre ;
On ne voit que Palais par les vents démolis ;
   Et sous les flots, ou sous la foudre
   Nous allons être ensevelis.

TOUS TROIS.

   Dieux vengeurs, nous sommes coupables ;
Mais, nôtre repentir doit suspendre vos coups.
   Dieux, vos châtiments redoutables
   Sont-ils éternels comme vous ?

ADRASTE.

   O rigueur qui me desespere !
   Sans Neptune, sans son courroux,
   Par le choix d'Atlas vôtre Pere,
   J'allois devenir vôtre Epoux.

C A L Y P S O.

Pour me parler d'hymen, quel tems osez-vous prendre?

A D R A S T E.

Au nom de l'Amour le plus tendre,
D'un Roy toûjours soumis, daignez flatter l'espoir.

C A L Y P S O.

Le soin de mon Empire est mon premier devoir.
Mais, comment de Neptune appaiser la colere?
L'Enfer peut me le révéler;
Laissez-moy seule icy, respectez un mistere,
Qu'aucun mortel ne doit troubler.

****

S C E N E V.

C A L Y P S O.

Habitans des Royaumes sombres,
Vous que mon Art contraint d'obéir à mes loix,
Laissez en paix les criminelles Ombres;
Demons, reconnoissez ma voix.
Quittez l'affreux séjour de la nuit éternelle;
C'est Calypso qui vous appelle.

SCENE VI.

CALYPSO, Troupe de Demons.

CHOEUR.

Suivons les loix d'une Immortelle,
Son Art fait trembler les Enfers ;
Unissons nos efforts, signalons nôtre zele,
Suivons les loix d'une Immortelle,
Soûmettons-luy tout l'Univers.

On danse.

CHOEUR.

Portons le ravage
Dans tous les climats ;
La mort & la rage
Vont suivre nos pas :
Cherchons dans les larmes,
Et dans les soupirs
    Nos plaisirs.
Quel sort plein de charmes !
Causons mille allarmes ;
Versons nos fureurs
    Dans les cœurs.

On danse.

CHOEUR.

Qu'attens-tu de nôtre secours ?
Parle ; nous te servons toûjours.

CALYPSO.

CALYPSO.

Neptune ſur ces bords demande un ſacrifice,
Je ne puis l'appaiſer à moins du ſang d'Ulyſſe:
Ce ſang n'eſt plus en mon pouvoir.

CHOEUR.

Dreſſe l'Autel ; fay ton devoir ;
Tu ne peux balancer ſans crime.

CALYPSO.

Où dois-je chercher la Victime ?

CHOEUR.

Neptune y va pourvoir.

Les Demons s'abîment.

SCENE VII.

CALYPSO.

N'En déliberons plus. Mon destin se déclare :
Que l'Autel soit dressé, que le fer se prépare ;
Ramenons le calme en ces lieux.
Une redoutable Puissance
M'ordonne de fermer les yeux :
La plus aveugle obéïssance
Est la plus agréable aux Dieux.

FIN DU PREMIER ACTE.

ACTE SECOND.

Le Theâtre repréſente le Temple de Neptune ; On y voit un Autel, orné des débris d'un naufrage.

SCENE PREMIERE.
TELEMAQUE, IDAS.
TELEMAQUE.

N On ; ne me retiens plus, je tremble pour Ulyſſe ;
Je vais unir mes vœux au pompeux ſacrifice
Qu'on vient offrir au Dieu des Flots ;
Puiſſe-t-on le rendre propice !
Puiſſe regner ſur l'Onde un éternel repos !

Dieu des Mers, calme ta colere ;
Je viens meſler mes pleurs au ſang qu'on va t'offrir :
Le Heros glorieux, dont je tiens la lumiere,
Sous tes Flots irritez eſt tout prêt à perir.

Dieu des Mers, &c.

I D A S.

Pour l'Auteur de vos jours, Minerve s'intereſſe;
Mais, craignez contre luy d'irriter ſon courroux.
Par le choix de cette Déeſſe,
Vous devez d'Antiope être l'heureux Epoux;
Cependant, Eucharis a des charmes pour vous:
Triomphez de vôtre foibleſſe.

TELEMAQUE.

Minerve à ma vertu, promet un heureux ſort;
L'Amour offre à mon cœur un ſort digne d'envie:
Si Minerve & l'Amour pouvoient être d'accord,
Non; rien ne manqueroit au bonheur de ma vie,
Ceſſez de condamner une ſi belle ardeur;
Mais, je vois Eucharis.

I D A S.
Evitez ſa préſence.

TELEMAQUE.
Je la fuirois? quelle rigueur!

I D A S.
Forcez du moins vôtre amour au ſilence.

TELEMAQUE.
L'inſenſible Eucharis connoît déja mon cœur.

SCENE II.

EUCHARIS, TELEMAQUE, IDAS.

EUCHARIS.

GEnereux Etranger, le Ciel vous est propice :
    Neptune ordonne un sacrifice
    Qui doit desarmer son courroux ;
    Ce jour verra calmer l'orage
    Qui vous retient sur ce rivage.

TELEMAQUE.

Helas ! puis-je être heureux, en m'éloignant de vous?

EUCHARIS.

    Ah ! Seigneur, quittez ce langage,
Respectez mes malheurs, plaignez plutôt mon sort ;
Plaignez des Malheureux, dont le triste esclavage
    Ne doit finir que par la mort.

TELEMAQUE.

Non ; je rompray vos fers : souffrez que je l'espere :
Mes Vaisseaux dispersez par les vents furieux,
    Sans doute sont près de ces lieux ;
Et bien-tôt sur ces bords, les Sujets de mon Pere
    Viendront obéir à vos loix.

EUCHARIS.

Quoy ? vous êtes du sang des Roys !

TELEMAQUE.

Belle Eucharis, pardonnez mon silence ;
Je voulois par mon seul amour
Meriter un tendre retour,
Sans rien devoir à ma naissance.
Ulysse m'a fait naître.

EUCHARIS.

Ulysse ! justes Dieux !

TELEMAQUE.

Vous frémissez ! ce sang vous est-il odieux ?
Ciel ! que vient m'annoncer vôtre douleur mortelle ?

EUCHARIS.

Fuyez, Prince, fuyez un séjour dangereux.

TELEMAQUE.

Eh, qu'ay-je à redouter ?

EUCHARIS.

Le sort le plus affreux.

TELEMAQUE.

Mon devoir en ces lieux m'appelle.

EUCHARIS.

Non, fuyez... Neptune en couroux,
Veut que le sang d'Ulysse aujourd'huy se répande.
Ah ! c'est le vôtre qu'il demande,
Et ce barbare Autel n'est dressé que pour vous :
Partez, je voy le fer qui vous immole.

TELEMAQUE.

Je fuirois de l'Autel, quand il faut que j'y vole!.

EUCHARIS.

Est-ce-là le secours que vous m'aviez promis ?
N'est-il donc plus d'espoir pour la triste Eucharis!

TELEMAQUE.

Neptune est irrité ; je dois le satisfaire ;
Peut-être en ce moment sa terrible colere
Sous un orage affreux.... ah! j'en fremis d'effroy!
Tous les moments que je differe
Sont des parricides pour moy.

EUCHARIS.

On vient. Dieux ! c'est la Reine : une Troupe cruelle
Vers l'Autel s'avance avec elle ;
Sauvez-vous ;

TELEMAQUE.

Laissez-moy.

EUCHARIS.

Rien ne peut t'attendrir!
Fuy la mort qui t'attend.

TELEMAQUE.

Non ; mon destin m'appelle:
Ma gloire, mon devoir, m'ordonne de mourir.

EUCHARIS.

Barbare ! ſi tu veux perir,
Viens me voir expirer moy-même ;
Mais du moins, avant mon trépas,
Apprends que, par ta mort, je perds tout ce que j'aime.

Elle ſe retire.

TELEMAQUE , en la ſuivant.

Ah ! dans ſon deſeſpoir, ne l'abandonnons pas.

SCENE III.

SCENE III.

CALYPSO, ADRASTE, LE GRAND PRESTRE de Neptune ; Troupes de Prêtres, de Prêtresses de Neptune & d'Ogygiens.

CALYPSO.

Peuples soumis à ma puissance,
Vous voyez cet Autel que j'ay fait élever ;
Vous voyez mon obéïssance :
C'est à Neptune d'achever.

LE GRAND PRESTRE.

Grand Dieu qui regnes sur l'Onde,
O Neptune ! exauce-nous :
Voy nôtre douleur profonde ;
Desarme ton fier courroux.

CHOEUR.

Grand Dieu qui regnes sur l'Onde,
O Neptune ! exauce-nous ;
Voy nôtre douleur profonde :
Desarme ton fier courroux.

On danse.

C

LE GRAND PRESTRE.

Pour ravager ces lieux, Neptune étoit armé;
Mais, nous n'avons plus rien à craindre:
Son courroux vengeur va s'éteindre
Dans le coupable sang qui l'avoit allumé.

On danse.

UNE PRESTRESSE.

Suspens ces ravages,
Reçoi nos hommages,
Entends nos regrets.

Heureux les Rivages
Où, loin des orages,
On peut vivre en paix !

Nos Rives tranquilles
Etoient les aziles
Des Jeux pleins d'attraits ;
Rends-nous tous nos charmes,
Puissant Dieu des flots.

Finis nos allarmes,
Rends-nous le repos.

Finis nos allarmes ;
Rends-nous tous nos charmes,
Rends-nous le repos.

On danse.

LE GRAND PRESTRE.

Nous sommes prêts d'expier nôtre crime :
Dieu puissant, c'est à toy d'amener la Victime.

C ij

SCENE IV.

TELEMAQUE, & les Acteurs de la Scene précedente.

TELEMAQUE.

FRappez. Voicy le sang qui doit couler pour vous.

CALYPSO.

Que vois-je ?

TELEMAQUE, en s'approchant de l'Autel.

Je suis Fils d'Ulysse ;
Reine, rendez Neptune à vos Sujets propice,
Appaisez son fatal courroux.

CALYPSO.

Quels traits frappent mes yeux! est-ce Ulysse luy-même?
Quel trouble ! quel effroy ! d'où vient que je fremis ?
Surmontons ma foiblesse extrème ;
Qu'on l'immole ; je l'ay promis.

LE GR·AND PRESTRE.
Frappons ; il eſt temps qu'il periſſe.

CALYPSO.

Ciel ! arreſtez.

TELEMAQUE.

Pourquoy differer mon ſupplice ?
Eſt-il un ſort plus glorieux ?
J'expire pour Ulyſſe, & je m'immole aux Dieux ;
M'enviez-vous un ſi beau ſacrifice ?

CALYPSO.

Dieux cruels ! ſa vertu ne vous attendrit pas !
Mais, vous avez en vain ordonné ſon trépas :
Une trop juſte horreur de mon ame s'empare,
Que Neptune ſur moy lance de nouveaux traits ;
Non, je ne ſouffriray jamais
Un Sacrifice ſi barbare.

CALYPSO s'avance vers l'Autel.

ADRASTE.

Que faites-vous ? quel projet odieux !

CALYPSO, arrachant Telemaque de l'Autel.
J'épargne ur crime aux Dieux.

CHOEUR.

Quel outrage aux Autels !

CALYPSO.

Allez, Troupe inhumaine,
Obéïſſez à vôtre Reine.

C H OE U R.

Les volontez des Dieux font nos premieres loix.

C A L Y P S O.

Les Roys font les Maîtres du Monde.

C H OE U R.

Les Dieux font les Maîtres des Roys.
Tremble, entens la foudre qui gronde,
Tremble.

C A L Y P S O.

Calmez un vain tranfport ;

Aux Gardes qui s'approchent.
Retirez-vous. Et Vous, qu'on m'en réponde.

T E L E M A Q U E.

Dieux, qu'ordonnez-vous de mon fort ?

FIN DU SECOND ACTE.

ACTE TROISIÉME.

Le Theâtre repréfente un Defert.

SCENE PREMIERE.

ADRASTE.

Out répond fur ces bords à ma douleur profonde:
Ce féjour femble fait pour les cœurs mal-
   heureux:
     Ce fier torrent avec un bruit affreux,
Jufqu'au fonds des Enfers précipite fon onde.

Les Echos attentifs à mes triftes regrets,
     En font retentir les Forefts.
     Agité, dévoré d'une funefte flâme,
Dans l'Antre le plus noir je porte envain mes pas:
     Non; non, l'horreur n'y regne pas,
     Comme elle regne dans mon ame.

     Ne fongeons plus qu'à nous venger:
     Malheur à qui m'ofe outrager!

SCENE II.

ADRASTE, ARCAS.

ADRASTE.

Est-on prêt à tout entreprendre?

ARCAS.

Vos Amis assemblez vont paroître à vos yeux;
Mais, d'un pareil projet que pouvez-vous attendre?

ADRASTE.
La mort d'un Rival odieux.

ARCAS.
Calypso sçaura le défendre.

ADRASTE.

J'ay pour moy le Peuple & les Dieux.

ARCAS.
Vous allez redoubler sa haine.

ADRASTE.
Peut-elle être plus inhumaine?

Non,

Non, je n'écoute plus que mes transports jaloux;
Non, non, c'est trop souffrir; il est temps que j'éclate,
Que mon heureux Rival expire sous mes coups;
    Puis-je mieux punir une Ingrate?

    Que l'Amour jaloux dans mon cœur
      Cause de funestes ravages!
    Neptune avec plus de fureur
    Ne desole pas nos rivages:
Et les vents sur les flots excitent moins d'orages,
    Que l'Amour jaloux dans mon cœur.

ARCAS.

La Reine vient, fuyez.

ADRASTE.

      Non, jusqu'à ma Victime,
Je prétens que sa main guide le coup mortel,
    Et je vais m'assurer du crime
    Pour mieux frapper le Criminel.

SCENE III.

CALYPSO, ADRASTE.

ADRASTE.

REine, à Neptune encor vous faites une offense!

CALYPSO.

Est-ce à moy de servir une injuste vengeance?

ADRASTE.

Le crime doit être expié.

CALYPSO.

Quel crime a fait le Fils d'Ulysse?

ADRASTE.

Les Dieux ordonnoient son supplice :
Les Dieux, le Peuple & moy, tout est sacrifié.

CALYPSO.

A ma juste pitié ma fureur a fait place ;
J'ay fait ce que j'ay dû.

ADRASTE.

Non ; la seule pitié
N'a pas pour luy demandé grace.

CALYPSO.

Témeraire, arrêtez.

ADRASTE.

Eclatez contre moy.
Après ce coup affreux, est-il rien que je craigne?
Pour vivre icy sous vôtre loy,
Je quitte la Thrace où je regne;
Et pour prix de mes soins, pour prix des plus beaux feux,
Ce rivage fatal m'offre un Rival heureux!
Ah! plutôt dans son sang que mon amour s'éteigne;
Tremblez pour luy.

CALYPSO.

Tremblez pour vous.

ENSEMBLE.

Le dépit, la haine, & la rage,
Vengeront ce Mortel outrage.

ADRASTE.

Tremblez pour luy.

CALYPSO.

Tremblez pour vous.

ENSEMBLE.

Tremblez; redoutez mon courroux.

SCENE IV.

CALYPSO.

Va, fuy ; je hais plus ta préſence,
Que je ne crains tes tranſports furieux,
Et l'on peut des Mortels défier la vengeance,
Quand on oſe braver les Dieux.

SCENE V.

EUCHARIS, CALYPSO.

EUCHARIS.

O Sort heureux ! ce jour finit nôtre infortune ;
Le Peuple eſt exaucé,
Telemaque ſoumis, a deſarmé Neptune ;
Ses Miniſtres l'ont annoncé.

CALYPSO.

Je vois trop ce qu'il médite,
Quand il nous rend le repos ;
Et le trouble qui m'agite
Le venge mieux que ſes flots.

EUCHARIS.

Qui peut vous allarmer encore ?
Craignez-vous d'odieux projets ?
Tout vôtre Peuple vous adore,
Et les cœurs en ces lieux font vos premiers fujets.

CALYPSO.

Il en eft un fur ce rivage
Qui flatte mes vœux les plus doux :
S'il me rendoit un tendre hommage,
Je le préfererois à tous.

EUCHARIS.

Quoy ? vous aimez ! craignez une funefte flâme ;
Songez que les Enfers...

CALYPSO.

Que me rappelles-tu !
Dieux ! fous les traits de la vertu,
Falloit-il que l'Amour vint furprendre mon ame !

EUCHARIS.

Ne pouvez-vous brifer vos fers ?
N'ofez-vous de l'Amour combattre la puiffance,
Vous qui tenez l'Enfer fous vôtre obéiffance ?

CALYPSO.

Tout l'Enfer m'obéit : je regne dans les airs,
Je fais gronder la foudre , & briller les éclairs ;
Le jour , quand il me plaît , fe change en nuit obfcure,
Le Ciel même eft foumis à mon pouvoir vainqueur :
Mon Art donne des loix à toute la nature ;
Mais l'Amour en donne à mon cœur.

EUCHARIS.

D'un penchant trop fatal songez, à vous défendre.

CALYPSO.

Le Prince près de moy, doit-il bien-tôt se rendre ?
Sçait-il que je l'attens ? viendra-t-il en ces lieux ?

EUCHARIS.

C'est luy qui paroît à vos yeux.

SCENE VI.

TELEMAQUE, CALYPSO, EUCHARIS.

CALYPSO.

PRince, enfin je ne crains plus rien
Pour des jours où je m'interesse.

TELEMAQUE.

Se peut-il que le soin d'un sort tel que le mien
Occupe une Déesse ?

CALYPSO.

Les vertus dont l'éclat vient de frapper mes yeux,
Font les plus tendres soins des Dieux.

TELEMAQUE.

Tout eſt icy dans une paix profonde ;
De vos Sujets vous goûtez le bonheur ;
*　　Calme heureux, qui regnez ſur l'Onde,*
*　　Que ne regniez-vous dans mon cœur ?*

CALYPSO.

Je voy que vous brûlez de quitter ce rivage ;
Mais, a vous retenir, vôtre intereſt m'engage :
Neptune en apparence a calmé ſon courroux ;
Je connois ſa fureur : ſous un calme ſi doux,
*　　　Peut-être il cache quelqu'orage ;*
Non, à vous retenir, vôtre intereſt m'engage.

Eſprits, qui me ſervez, embelliſſez ces lieux ;
Et ſous d'aimables traits, venez charmer ſes yeux.

Le Theâtre change, & repréſente un Palais
enchanté.

SCENE VII.

CALYPSO, TELEMAQUE, EUCHARIS,
Troupe de Demons transformez en Nymphes,
en Jeux , & en Plaisirs.

C H OE U R.

LEs Jeux & les Plaisirs regnent dans ces Retraites;
On y goûte mille douceurs :
C'est l'Amour seul qui les a faites ;
Qu'il triomphe de tous les cœurs.

On danse.

U N E N Y M P H E.
Sur ces bords tout nous enchante,
Nous goûtons d'heureux loisirs :

On y voit la Fleur naissante
S'abandonner aux doux Zephirs:
On y prévient tous les soupirs,
Tous les desirs ;
Il n'est point d'ame languissante
Dans l'attente
Des plaisirs.

Chaconne.

U N E

UNE NYMPHE alternativement avec
LE CHŒUR.

Que l'Amour a d'appas !
Il vole sur vos pas ;
Que l'Amour a d'appas !
Pourquoy n'aimez-vous pas ?

LA NYMPHE.
Quand on sent les ardeurs qu'il inspire,

LE CHŒUR.
On cherit à jamais son empire.

LA NYMPHE.

Doux Plaisirs, Jeux charmants,
Beaux Jours, heureux Moments,
Doux Plaisirs, Jeux charmants,
Tout est pour les Amants.

LE CHŒUR repete ces quatre Vers.

Suite de la Chaconne.

UN PLAISIR, alternativement avec
LE CHŒUR.
Sans les tendres soupirs,
Sans les ardents desirs ;
Sans les tendres soupirs,
Est-il de vrays plaisirs ?

E

LE CHOEUR.

Sans les tendres soupirs,
Sans les ardents desirs ;
Sans les tendres soupirs,
Est-il de vrays plaisirs ?

LE PLAISIR.

A quoy sert la Jeunesse brillante ?

LE CHOEUR.

Sans l'Amour, on l'a voit languissante.

LE PLAISIR.

A quoy sert la grandeur éclatante ?

LE CHOEUR.

Sans l'Amour, peut-elle être charmante ?

LE PLAISIR.

Craignez-vous ses rigueurs ? il n'en a point pour vous ;
Il vous offre en ces lieux les charmes les plus doux.

LE CHOEUR repete ces deux Vers.

SCENE VIII.

CALYPSO, TELEMAQUE.

CHOEUR de leur suite.

CALYPSO.

VOus voyez quel heureux azile
L'Amour vous offre en ces climats;
Pour arrêter icy vos pas,
Mon soin sera-t-il inutile?

TELEMAQUE.

Mes yeux sont enchantez, je ne m'en défends pas;
Mais, pour bien goûter tant d'appas,
Mon cœur n'est pas assez tranquile.

CALYPSO.

Vous n'étes pas tranquile en ce charmant séjour!
A ce trouble secret je reconnois l'Amour.

TELEMAQUE.
à part.

Vous auriez penetré... Dieux! que luy vais-je ap-
prendre!

CALYPSO.

On penetre aisément les secrets d'un cœur tendre.

E ij

TELEMAQUE.

Le destin de mes feux est en vôtre pouvoir.

CALYPSO.

Au temple de l'Amour prenez soin de vous rendre ;
Prince, ce jour vous fera voir,
Qu'au plus parfait bonheur vôtre cœur doit prétendre ;
Eucharis aura soin de vous le faire entendre.

TELEMAQUE.

Dieux, ne trompez pas mon espoir.

LE CHOEUR.

Soupirez, l'Amour veut un cœur tendre ;
Rendez-vous ; vous perdez pour attendre.
Trop heureux qui sçait plaire autant qu'il est charmé !
Rien ne vaut le plaisir d'aimer & d'être aimé.

On danse.

FIN DU TROISIEME ACTE.

ACTE QUATRIÉME.

Le Theâtre repréſente le Temple de l'Amour.

SCENE PREMIERE.

EUCHARIS.

Ieux ſacrez, où l'Amour reçoit ſur ſes Autels,
L'hommage de tous les Mortels,
Voyez mon triſte ſort; je perds tout ce que j'aime,
Et je viens à l'Amour, immoler l'amour-même.

Dieux ! quelle contrainte fatale !
Je retiens mes ſoupirs ; mes pleurs n'oſent couler:
Mon Amant va paroître, & c'eſt pour ma Rivale
Que je dois luy parler:
Dieux ! qu'elle contrainte fatale !
Je retiens mes ſoupir s ; mes pleurs n'oſent couler.

Cédons ce cher Amant, ou sa mort est certaine;
Du beau sang dont je sors, gardons de l'informer:
    Qu'il rougisse autant de m'aimer,
Qu'il doit trouver de gloire à charmer une Reine:
    Il vient; pour luy sauver le jour,
Immolons à la fois ma gloire & mon amour.

SCENE II.

TELEMAQUE, EUCHARIS.

TELEMAQUE.

EH bien; à mon bonheur la Reine consent-t-elle?
Me verray-je bien-tôt au comble de mes vœux?

EUCHARIS.

Il ne tient qu'à vous d'être heureux:
Un sort glorieux vous appelle.

TELEMAQUE.

Vivre & mourir sous vôtre Loy,
Est-il un sort plus doux, plus glorieux pour moy!

EUCHARIS.

Ah! Seigneur, quittez ce langage;
D'un malheureux amour songez à vous guerir.

TELEMAQUE.

O Ciel!

EUCHARIS.

A Calypso portez ce tendre hommage;
Il faut ou l'aimer, ou mourir.

TELEMAQUE.

Moy, je pourrois l'aimer! non que sa rage éclate;
Non, je ne puis aimer que vous.

EUCHARIS.

Dieux! vous osez braver son terrible courroux!
Mais, quoy? pour un amour que nul espoir ne flate,
Pouvez-vous renoncer à l'hymen glorieux
Que vous presente une Immortelle?
Sur un Trône éclatant...

TELEMAQUE.

Fût-elle dans les Cieux,
Mon cœur vous met au-dessus d'elle.

EUCHARIS.

Quelle est vôtre Eucharis? Captive dans ces lieux,
Etrangere, sans nom, d'une naissance obscure...
Ah! je rougis pour vous de la mortelle injure
Que vous faites à vos Ayeux.

TELEMAQUE.

Non, non, l'éclat du rang n'éblouit point mes yeux;
C'est la vertu que j'aime; une vertu si pure
Vaut tout le sang des Dieux.

EUCHARIS.

Eh-bien ; connoissez-donc ma vertu toute entiere :
Puisque, pour vous sauver, mes soins sont superflus :
Ma mort sera le prix de vos cruels refus ;
Il faut que Calypso m'immole la premiere :
Je vais tout découvrir.

TELEMAQUE.

Arrêtez, arrêtez Cruelle.

ENSEMBLE.

Voyez couler mes pleurs, laissez-vous attendrir ;
Vivez, { Prince, Nymphe, } vivez ; c'est à moy de mourir.

EUCHARIS.

Serez-vous insensible à ma douleur mortelle ?
La Reine vient ; du moins, feignez pour la calmer.

TELEMAQUE.

Quoy ? d'un détour si bas vous me croiriez capable !
Elle a sauvé mes jours ; je serois trop coupable :
Fuyons-là ; je ne puis la tromper, ny l'aimer.

SCENE III.

SCENE III.

CALYPSO, EUCHARIS.

CALYPSO.

TElemaque me fuit ! Nymphe, qu'en dois-je croire?

EUCHARIS.

Reine, de vôtre choix il voit toute la gloire.

CALYPSO.
Il me fuit cependant.

EUCHARIS.
Un timide respect
Le bannit de vôtre présence.

CALYPSO.
Ce soin de m'éviter ne m'est que trop suspect :
Dans le cœur de l'Ingrat je lis mieux qu'il ne pense.

EUCHARIS.

Eh ! peut-il oublier jamais
Que le jour qu'il respire, est un de vos bienfaits ?
Craignez-moins.

CALYPSO.

C'est à luy de craindre ma vengeance ;
Il en doit prévenir l'éclat :
Il peut avoir pour moy de la reconnoissance ,
Et n'en être pas moins ingrat.

Mais, c'est peu d'être ingrat ; ô douleur sans égale !
Lorsque je luy vantois les beautez de ces lieux ,
Il soupiroit ; son trouble a paru dans ses yeux ;
Dieux ! s'il ne m'aime pas, j'ay donc une Rivale.

EUCHARIS.

Il ne voit en ces lieux rien d'aimable que vous.

CALYPSO.

Ah ! si jamais l'Amour jaloux,
De mon cœur malheureux s'empare ,
Qu'il tremble au seul bruit de mes coups ;
Je rempliray d'effroy l'Averne & le Tenare :
L'Amour est plus cruel que l'Enfer en courroux ,
Quand on l'ose forcer à devenir barbare.

EUCHARIS.

Calmez ces transports furieux.

CALYPSO.

Le Dieu qu'on révere en ces lieux
Peut seul desarmer ma colere :
Je prétens sur mon sort interroger l'Amour.
Vous, cherchez Telemaque ; il faut sur ce mistere ,
Que je le consulte à son tour.

SCENE IV.

LA GRANDE PRESTRESSE de l'Amour,
Troupe de Prêtres & de Prêtresses de l'Amour,
CALYPSO.

LA GRANDE PRESTRESSE.

AMour , source toûjours feconde
De la felicité du monde ,

Tu triomphes par tout , tu regnes à la fois
Dans les Enfers, dans les Cieux, fur la Terre ;
Le Dieu qui lance le Tonnerre ,
Reconnoît tes suprêmes loix.

Le Chœur , *Tu triomphes , &c.*

CALYPSO.

Maître des cœurs , Toy, dont l'empire ,
S'étend fur tout ce qui respire ,
Dieu charmant , daigne m'exaucer :
Daigne attendrir pour moy le cœur de ce que j'aime ;
Amour , tu peux faire toy-même
Le fort que tu vas m'annoncer.

On entend un bruit de Haut-bois.

SCENE V.

CALYPSO,

Troupe de BERGERS & de BERGERES,
& les Acteurs de la Scene précédente.

CALYPSO.

*Qu*els doux Concerts se font entendre ?
Amour, de ces Bergers, les soins les plus pressants
Sont d'apporter icy des cœurs reconnoissants ;
   Quel bonheur ! je n'ose y prétendre :
   Heureux , & mille fois heureux
   Les cœurs qui , brûlant de tes feux ,
   N'ont que des graces à te rendre !

Danse des Prestresses.

LES BERGERS ET LES BERGERES.

   Amour , regne à jamais sur nous ;
A nos tendres desirs soy toûjours favorable :
Nous goûtons sous tes loix les plaisirs les plus doux ;
   Fay que ce bonheur soit durable.

On danse.

LA GRANDE PRESTRESSE.

   Dieu charmant, sous ta puissance,
   Que l'on goute de plaisirs !
   Tu fais naitre l'esperance,
   Aussi-tôt que les desirs :

Tes douceurs & tes allarmes,
Tout enchante tour à tour:
Regne Amour,
Fay briller tes charmes:
Regne Amour,
Dans ce beau séjour.

On danse.

LA GRANDE PRESTRESSE.

Dieu puissant, tu fais la guerre
Aux plus grands des Immortels,
Dans les Cieux & sur la Terre
On t'éleve des Autels:
Tout annonce ta victoire;
Tous les Dieux te font la cour:
Regne, Amour;
Fay briller ta gloire:
Regne, Amour,
Dans ce beau séjour.

Danse des Bergers & des Bergeres.
Après les Danses, les Bergers & les Bergeres se retirent.

LA GRANDE PRESTRESSE.

Amour, sois favorable aux vœux d'une Immortelle;
Fay qu'à ses yeux l'avenir se révele.

CHOEUR.

Amour, sois favorable aux vœux d'une Immortelle;
Fay qu'à ses yeux l'avenir se revele.

LA GRANDE PRESTRESSE.

Je céde aux transports que je sens;
Ciel! ô Ciel! quelle violence!
L'Amour s'empare de mes sens,
Il vient animer mes accens.
Gardez-tous un profond silence.

Le Dieu qui fait aimer va parler par ma voix.
Reine, écoute en tremblant, d'irrevocables loix.

O R A C L E.

Minerve a disposé du sort de Telemaque;
Antiope avec luy doit regner sur Itaque.

S C E N E VI.

C A L Y P S O.

On entend un bruit de Guerre, derriere
le Theâtre.

C A L Y P S O.

Quel Oracle fatal!... quel bruit vient me frapper!

C H OE U R derriere le Theâtre.

Qu'il periffe, qu'il periffe.

C A L Y P S O.

Ciel! dans quel sang leurs mains vont-elles se tremper?

L E C H OE U R.

Immolons le Fils d'Ulyffe.
Qu'il periffe.

CALYPSO.

Le Fils d'Ulysse ! allons le secourir :
Dieux ! tout ingrat qu'il est, puis-je le voir perir !

CHOEUR.

Immolons le Fils d'Ulysse.
Qu'il perisse.

O Ciel ! Telemaque est vainqueur ;
Dérobons-nous à sa fureur.

CALYPSO.

Dieux puissants, la vertu par vous est triomphante ;
Mais, quel Objet affreux à mes yeux se presente.

✻✻✻

SCENE VII.

CALYPSO, ADRASTE mourant, ARCAS,
Les PRESTRES de l'Amour, le Peuple.

ADRASTE mourant.

JE touche à mon instant fatal.
Telemaque m'immole, il remplit vôtre attente ;
Inhumaine, êtes-vous contente ?
Je brûlois de percer le cœur de mon Rival ;
Mais, au défaut du sien, je viens percer le vôtre :
Il me venge de vos mépris,
Puisqu'il soupire pour une autre.

CALYPSO.

Qu'entens-je ?

ADRASTE.
Il adore Eucharis.

CALYPSO.
Eucharis !

ADRASTE.
De leurs cœurs j'ay vû l'intelligence.

CALYPSO.
Ciel !

ADRASTE.

Mon tourment finit, & le vôtre commence.
Du coup qui m'a frappé je sens moins la rigueur :
J'avois perdu l'espoir de ma vengeance ;
Je la laisse en mourant, au fonds de vôtre cœur.
Il meurt.

CALYPSO.

O Dieux, vous me livrez à toute ma fureur.

FIN DU QUATRIEME ACTE.

ACTE V.

ACTE CINQUIÉME.

Le Theâtre repréfente le Port d'Ogygie ;
On y voit plufieurs Vaiffeaux.

SCENE PREMIERE.

CALYPSO.

Haine, Dépit, Fureur, noirs Enfans de ma flâme,
Eclatez ; c'eſt à vous de regner dans mon ame :
Plus de pitié, plus de retour ;
Sor de mon cœur, indigne Amour :
Haine, Dépit, Fureur, noirs Enfans de ma flâme,
Eclatez ; c'eſt à vous de regner dans mon ame.

Allons ; qui me retient ? Ciel ! qu'eſt-ce que je voy ?
Tous les Dieux irritez ſont armez contre moy :

G

Où suis-je? quel effroy! je sens trembler la terre;

    Neptune souleve les mers;
    Eole fait frémir les airs;
    Jupiter lance le tonnerre;
    Tout perit, tout est plein d'horreur.

Malheureuse! où m'emporte une aveugle fureur!
Tu troubles ma raison, redoutable Minerve,
Tu défends un Ingrat, tu prends soin de son sort:
Mais, malgré-toy, le coup que ma main luy reserve
    Sera plus affreux que la mort.
    J'égaleray le supplice à l'offense:
    Il frémira de ma vengeance.

SCENE II.

CALYPSO, TELEMAQUE, IDAS.

CALYPSO.

PRince, dans mes Etats je ne vous retiens plus.
De ses desseins sur vous Minerve a sçû m'instruire;
Vos yeux par Eucharis se laissent trop séduire:
Partez, executez des ordres absolus.

TELEMAQUE.

Helas!

CALYPSO.

Ton cœur gémit ! quel indigne langage?
Dans les fers d'une esclave un lâche amour t'engage!
Du moins si cet amour...Ciel! quel est mon malheur!
Dieu des flots, noirs Enfers, Songe remply d'horreur,
Vôtre menace est accomplie;
Je t'aime, tu me hais; je t'ay sauvé la vie.
Cruel, tu me perces le cœur.

TELEMAQUE.

Reine, ordonnez que je perisse;
Je ne vois qu'à regret la lumiere du jour.

CALYPSO.

Va, fuy, Fils indigne d'Ulysse;
Emporte avec toy ton amour;
Il suffira pour ton supplice.

TELEMAQUE.

Malheureuse Eucharis!

CALYPSO.

Tu déplores son sort!
Songe à quels maux affreux la perfide me livre;
Il faut pour me venger, qu'elle cesse de vivre.

TELEMAQUE.

Pourriez-vous luy donner la mort?

CALYPSO.

N'en doute point, son sang lavera mon outrage.
Aux Gardes.
Qu'on la cherche. Je vais l'immoler à ma rage.
Quel plaisir de te voir, en partant de ces lieux,
Ne recevoir sur le rivage,
Que ses cris mourants, pour adieux!

SCENE III.
TELEMAQUE, IDAS.
TELEMAQUE.

ARrêtez. Quel courroux !
Quelle horrible vengeance !
Dieux protecteurs de l'Innocence,
Eucharis va perir, l'abandonnerez-vous ?

SCENE IV.
TELEMAQUE, EUCHARIS.
TELEMAQUE.

SAuvez-vous, Eucharis,
Fuyez une implacable rage ;
Si vous sçaviez quel sort....

EUCHARIS.
Jay tout appris.

TELEMAQUE.
Fuyez-donc ?

EUCHARIS.
C'est à vous de quitter ce rivage ;
C'est à moy d'y remplir mon sort.
Aux coups de ma Rivale, opposons ma constance ;
Plus je sçauray braver la mort,
Plus elle perdra sa vengeance.

T E L E M A Q U E.

Non ; je veux vous sauver du sort le plus affreux.

E U C H A R I S.

Partez ; éloignez-vous de ces bords dangereux ;
Mon amour vous est trop funeste ;
Du coup qui vous menace épargnez-moy l'horreur ;
De la triste Eucharis conservez ce qui reste,
Qu'elle vive dans vôtre cœur.

T E L E M A Q U E.

Dieux inhumains, Dieux implacables ;
Accablez-vous les Innocens ?
Et protegez-vous les Coupables ?

E U C H A R I S.

Quelle fureur s'empare de vos sens !
Vous outragez les Dieux !

T E L E M A Q U E.

Les Dieux font tout mon crime.

Mais, je vais l'expier en terminant mon sort ;
Puissent-ils, contents de ma mort,
Ne prendre que moy pour victime !

EUCHARIS.

Non, vivez.

TELEMAQUE.

Vous allez mourir.

EUCHARIS.

Par ces tristes adieux, c'est trop nous attendrir ;
Partez ; au nom d'Ulysse, au nom de Penelope,
Au nom de vos heureux Sujets :
Parmy de si tendres objets
Je n'ose nommer Antiope.

TELEMAQUE.

Demeurez Eucharis ; quel nom prononcez-vous ?
Antiope ! non, non, une auguste Immortelle
Veut envain m'unir avec elle ;
Je ne puis être son Epoux.

EUCHARIS.

Dieux, la reservez-vous à ce bonheur extrême ?

TELEMAQUE.

Non ;.... faut-il qu'un serment rassure vos esprits ?
Dieux, armez contre moy vôtre pouvoir suprême,
Si jamais,......

EUCHARIS.

Arrêtez ; c'est Antiope même
Que vous aimez dans Eucharis.

 TELEMAQUE,

TELEMAQUE.

Vous , Antiope ! ô Ciel ! le puis-je croire ?
Le devoir , l'amour & la gloire ,
Tout conspire à combler mes vœux.

EUCHARIS.

Que nous sommes loin d'être heureux !

ENSEMBLE.

Minerve , terminez nos peines ;
Nous n'esperons qu'en vous dans nos derniers moments:
Laisserez-vous perir deux malheureux Amants
Dont vous avez formé les chaînes ?

On entend un bruit de Trompettes.

Mais , quels sons éclatants , jusqu'aux Cieux sont
portez ?

SCENE V.

SCENE V.

TELEMAQUE, EUCHARIS, IDAS.

IDAS.

S Eigneur , reprenez l'esperance :
Vos Guerriers , si long-temps par l'orage écartez,
Viennent vous secourir ;

TELEMAQUE.

Dieux !

IDAS.

Leur Troupe s'avance.
On les a sur ces bords vainement arrêtez ;

Que pouvoit Calypso ? Minerve étoit leur guide ;
Nos plus fiers Ennemis , étonnez , éperdus ,
A peine ont vû briller le redoutable Egide ,
Qu'ils ont tous été confondus :
La Reine en vain rappelle une troupe timide ;
Ses efforts feront superflus.

H

SCENE VI.

TELEMAQUE, EUCHARIS, IDAS;
Troupe de Matelots ; Troupe de Grecs ;
Troupe de Captives de la suite d'Eucharis.

TELEMAQUE.

Venez, vaillants Guerriers, venez Troupe fidelle;
Ah! si le sort vous rend à moy,
Je sçais trop à qui je le doy.
Par nos jeux, par nos chants signalons nôtre zele;
Minerve a terminé le cours de nos malheurs.

Fille de Jupiter, adorable Immortelle,
Regnez à jamais dans nos cœurs.

LE CHOEUR.

Fille de Jupiter, adorable Immortelle,
Regnez à jamais dans nos cœurs.

On danse.

UNE MATELOTTE.

Pour les Amants,
Quel doux présage!
Tout vous promet des jours charmants.

CHOEUR.

Pour les Amants,
Quel doux présage!
Tout nous promet des jours charmants.

UNE MATELOTTE.

A vous faire un beau sort,
L'Amour s'engage ;
Près du nauffrage,
Vous trouvez le Port.

CHOEUR.

Pour les Amants,
Quel doux préfage !
Tout nous promet des jours charmants.

UNE MATELOTTE.

Plus de foupirs ;
Bravez l'orage ;
Sur le rivage
Regnent les plaifirs.

CHOEUR.

Pour les Amants,
Quel doux préfage !
Tout nous promet des jours charmants.

On danfe.

TELEMAQUE.

Eloignons-nous de ce rivage,
Venez belle Antiope, achever mon bonheur ;
Bravons de Calypfo la jaloufe fureur :

H ij

SCENE VII.

CALYPSO, & les Acteurs de la Scene précédente.

CALYPSO, à TELEMAQUE.

Tu triomphes, Barbare, & mes efforts font vains;
Mais, crains pour Eucharis, fon fort eft en mes
　　mains;
　　Ma vengeance me refte encore.

On voit defcendre MINERVE dans une gloire.

TELEMAQUE.

Non, je ne crains plus rien pour l'Objet que j'adore:
　　L'éclat qui brille dans les Cieux,
　　M'annonce Minerve en ces lieux.

CALYPSO.

Qu'efperes-tu? ton cœur à fes loix eft rebelle.

S C E N E   V I I I.

M I N E R V E, & les Acteurs de la Scene
précédente.

M I N E R V E.

SOr d'erreur, Calypso, ce Heros m'est fidelle ;
Toûjours de la vertu son grand cœur fût épris :
Telemaque est l'objet d'une flâme si belle ;
Reconnois-la dans Eucharis.

C A L Y P S O.

O Ciel !

M I N E R V E.

Gemis dans l'horreur d'une peine éternelle ;
Malgré-toy, malgré les Enfers,
D'Antiope & de Telemaque
Ma main sçaura briser les fers :

Zephirs, conduisez-les sur les rives d'Itaque ;
Partez, volez, obéïssez.

T E L E M A Q U E & A N T I O P E sont enlevez
par les Zephirs ; tout se retire hors CALYPSO.

C A L Y P S O.

Tout fuit ; injustes Dieux, que vous me haïssez !

O toy ! puiſſant Athlas, ſi ta Fille t'eſt chere,
Par un dernier effort declare-toy mon Pere ;
Seconde ma fureur, ſers au gré de mon choix,
　　　La vengeance que je reſpire ;
　　　Puny tous les Dieux à la fois :
　　　Renverſe le celeſte Empire,
　　　Dont tu ſoûtiens le poids.

On entend gronder le Tonnerre & ſiffler les vents,
la Mer engloutit l'Iſle de Calypſo.

Quels ſifflements affreux ! les vents ſoulevent l'Onde,
　　　L'Air frémit ; le Tonnerre gronde :
Je ne voy plus icy que des objets d'horreur !
Dieux, en me puniſſant, vous ſervez ma fureur.

FIN DU CINQUIE'ME ET DERNIER ACTE.

APPROBATION.

J'AY lû, par ordre de Monſeigneur le Garde des Sceaux, *Telemaque,
Tragedie.* FAIT à Paris, le quinziéme Fevrier mil ſept cent trente.
Signé GALLYOT.

MEMOIRE des Nouveautez que l'on vient de donner au Public, dans la Premiere Saison de l'Année 1730.

LES PARODIES nouvelles, & les VAUDEVILLES Inconnus, Volume In-quarto. 6. liv.

Le SECOND Livre de DUO, pour la Flûte Allemande, le Haut-bois & le Deſſus de Viole, *Livre également utile* pour ceux qui apprennent à Chanter, Volume In-quarto du même prix que le PREMIER. 3. liv.

L'ACADEMIE Royale de Muſique a continué les Repréſentations de THESE'E, qu'elle a remis au Theâtre le Mardy 19. Novembre. On vend la Muſique, In-fol. 20. liv.

On vend les Paroles. 1. liv. 10. ſ.

Elle a auſſi continué les Mardy, Les Repréſentations d'HESIONE Tragedie, qu'elle a remis au Theâtre dès le Mardy 13. Septembre, la Muſique eſt en Partition In-quarto, & ſe vend, 12. liv.

Et les Paroles. 1 liv. 10. ſ.

On vend la Muſique de cette Tragedie de TELEMAQUE. 12. liv.

On verra aiſément par les changements qu'on a Imprimez exprès, qu'elle eſt conforme à la Remiſe de la preſente Année 1730.

On vend les Paroles conformes à cette Remiſe. 1. liv. 10. ſ.

Outre les dix Meſſes, réimprimées l'Année derniere, il y en a une nouvelle, intitulée *Delicta quis intelligit?* à 4. P. de M. Paccotar, qu'on vend 2. liv.

Monſieur de Blamont vient de donner un nouveau Livre de ſes Cantates. 9. liv.

LIVRES SOUS PRESSE.

Le MESLANGE des grands Airs & BRUNETTES à 2. & 3. Deſſus, & des Pieces propres pour une ſeule Flûte avec la Baſſe-Continuë, In-quarto 3. liv.

Le Troiſiéme Livre des CONCERTS PARODIQUES 2. liv.

Le MISERERE à grand Chœur de Monſieur de Lalouëtte, Partition In-folio.

On prépare encore d'autres Ouvrages, tant de Muſique que de Plain-Chant.